HEINZ KOPP

FRITZ LAMM

ein
unermüdlicher
und
unbequemer
Streiter

Naturfreund
Freidenker
Marxist

Herausgeber:
Freidenkerinnen & Freidenker Ulm/Neu-Ulm e.V.
Postfach 1667, info@ulmer-freidenker.de
www.ulmer-freidenker.de

Satz und Gestaltung: Siegfried Späth, Ulm
siegfriedspaeth@t-online.de

Titelseite unter Verwendung eines Aquarells
von Walter Schmid

Herstellung und Verlag:
BoD – Books on Demand Norderstedt.
ISBN: 9783752847345

Erinnerung an Fritz Lamm,
den unermüdlichen und unbequemen Streiter.

Berthold Brecht hat in einem Gedicht den Charakter und das politische Leben von Fritz Lamm sehr treffend beschrieben: „Die Schwachen kämpfen nicht. Die Stärkeren kämpfen vielleicht eine Stunde lang.
Die noch Stärkeren kämpfen viele Jahre. Aber die Stärksten kämpfen ihr Leben lang. Diese sind unentbehrlich."

Fritz Lamm war so ein unentbehrlicher, starker Charakter, und er fehlt gerade heute. Schwerpunkt meines Erinnerungsvortrages ist die Nachzeichnung des politischen Lebensweges eines Nonkonformisten, der eine Position zwischen dem doktrinär-kommunistischen und dem evolutionär-reformistisch-demokratischen Flügel der Arbeiterbewegung einnahm. In meinen Vortrag werden ganz bewusst sehr persönliche Elemente einfließen, denn ich war mit Fritz Lamm befreundet und habe ihm sehr viel zu verdanken.
In einem Gespräch mit ihm beklagte ich mich, dass es mir noch nie gelang, Mehrheiten in der SPD herzustellen. Seine Antwort darauf: „ dann sind wir Genossen im selben Geiste, denn auch mir ist es nie gelungen, Mehrheit zu werden."

Doch Fritz Lamm hielt es nicht für sinnlos, als Querdenker kontinuierlich gegen den Strom zu denken, denn als tief denkender Dialektiker war er fest davon überzeugt, dass alle Fortschritte und Entwicklungen letzten Endes aus der Opposition, aus Unruhe, aus der Unzufriedenheit kommen.

Für diese Grundüberzeugung zahlte Fritz einen hohen persönlichen Preis, er blieb immer Außenseiter und das im dreifachen Sinne, als Marxist, als Jude und als bekennender Homosexueller. In meinem Vortrag unternehme ich den Versuch, den schwierigen und zeitweise atemberaubenden Lebenslauf dieses begnadeten Redners und Intellektuellen - ohne akademische Ausbildung - nachzuzeichnen.

Der Lehrstuhlinhaber für Soziologie in Hannover, Oskar Negt, beschrieb ihn einmal „als einen zierlichen, eher kleinen Menschen mit einem kantigen Gesichtsprofil. Besonnen in seiner Ausdrucksweise, in öffentlichen Reden nie aufrührerisch, aufpeitschend. Indem er redete, ließ er die Anderen an seinen Gedanken teilnehmen. Radikal in seinen unentwegten Versuchen, den Anderen in seinen geheimen Absichten zu begreifen.“

Was Oskar Negt hier charakterisiert, bestätigt Fritz Lamm einmal selbst mit der von ihm erfahrenen Solidarität und begründet es in seiner Biographie: „Wer wie ich, als Jude und politisch Verfolgter, in der Illegalität, im Gefängnis, im Lager und zweimal bei abenteuerlichen Fluchten solch kleine Geschenke erhielt, der hat erfahren, dass es nicht das Brot, die Zigarette, das Stück Schokolade- selbst das illegale Flugblatt , - was alles lebensnotwendig gebraucht und gierig aufgenommen wurde - war, was uns gestärkt hat, sondern es war die Tat selbst, der Beweis, dass da jemand war, bereit zu helfen, freundlich zu lächeln."

Herkunft und kurze Familiengeschichte von Fritz Lamm

Mit einer gewissen Eitelkeit und Selbstironie hält Fritz fest, was eventuelle Biographen an den Anfang stellen sollten: „ Man führte meine auffallende und besondere Schüchternheit auf diesen Geburtsfehler zurück, (Fritz kam mit 14-tägiger Verspätung am 30.Juni 1911 auf die Welt und war alles, nur nicht schüchtern) dass ich mich verspätete. Ich neige eher zu der Annahme, dass die Philosophie meines Köpfchens sich schon zur pessimistischen Richtung neigte,

als ich noch Kiemen hatte, dass ich eigentlich gar nicht zur
Welt kommen wollte, und dann nur, wie immer, wenn ich
besonders mutig war, einem großen Druck folgte......
Jedenfalls war der Alte, oder besser Magnus (der Vater) der
Große sehr stolz, dass ihm nun auch noch ein Junge gelungen sei, sozusagen ein Stammhalter - und er sich nun nicht
mehr zu bemühen brauchte."
Fritz Lamms Vater gründete im Jahr 1896 in Stettin eine
Herrenkleiderfabrik. Seine Mutter, Emma, geborene Ams-
berg, entstammte einer alteingesessen, sehr frommen,
vermögenden jüdischen Familie aus Aachen. Dem Vater
Lamm kam zu Gute, dass Pommern schon im Jahr 1815 auf
dem Wiener Kongress Preußen zugeordnet wurde. Es war
die kleinste der fünf Ostprovinzen Preußens und wurde erst
nach dem Ersten Weltkrieg im Versailler Friedensvertrag
als festgelegte Abtretung von Posen und Westpreußen an
Polen zum Grenzgebiet. Die Juden und damit auch die Familie Lamm profitierten vom erlassenen „Edikt betreffend
der bürgerlichen Verhältnisse der Juden im preußischen
Staat" aus dem Jahr 1812 vom preußischen König Friedrich Wilhelm III. Damit war die Vorrausetzung geschaffen,
dass sich Juden in den Städten ansiedeln und Bürgerrechte
erlangen konnten.

Lamms Eltern, wie der Großteil der jüdisch- bürgerlichen Schicht, standen politisch dem Liberalismus nahe, ohne aber einer Partei anzugehören. In den linken Parteien - dies sollte dann bei Fritz später der Fall sein - organisierten sich überwiegend diejenigen Juden, deren Bindung an die jüdische Religion kaum oder gar nicht mehr bestand. Fritz Lamms Jugend verlief in ausgesprochen behüteten Verhältnissen. Seine Eltern pflegten einen großbürgerlichen, mondänen Lebensstil. In dem elterlichen Haus übernachteten und waren häufig Schauspieler aus Berlin und dem Stettiner Theater zu Gast. Die Eltern von Fritz waren keine strenggläubigen Juden und besuchten selten die Synagoge. Schon der Vorname Fritz ist ein Zeichen für den starken Assimilationsgrad der Eltern. Bereits im Alter von knapp neun Jahren erlaubten seine Eltern seinen Beitritt zur deutsch-jüdischen Jugendbewegung, mit 16 Jahren wurde Fritz Mitglied im Bund entschiedener Schulreformer, der Deutschen Friedensgesellschaft (DFG), deren linkem Flügel er angehörte, und der Liga für Menschenrechte, ebenso gehörte er der Jugendgruppe des Freidenker-Verbandes an. Fritz besuchte 12 Jahre die Oberrealschule in Stettin und war ein guter Sportler, der sich besonders als Kurzstreckenläufer auszeichnete. Fritz war nach eigener Einschätzung kein guter Schüler, auch weil er die preußische Schule hasste und dies auch durch ständige Provokationen demonstrierte. Eine Aufgabe löste Fritz auf seine Art. Es sollte eine Kurzgeschichte geschrieben werden, und die kürzeste Geschichte sollte die beste Note bekommen.

Fritz schrieb: „Als Günter Pietschke geboren wurde, war er schon tot." Mit solchen Provokationen machte er sich bei den Lehrern nicht beliebt, und sie ließen ihn zweimal sitzen. Mit 18 Jahren verließ er mit mittlerer Reife die Schule.

Trotz großer Differenz mit seinen Eltern trat Fritz in die Firma seines Vaters ein, um eine kaufmännische Lehre zu absolvieren. Fritz wusste, dass ich gelernter Industrie-Nähmaschinen-Mechaniker war, und so führten wir oft Insidergespräche über die Bedingungen der Textilindustrie. Die Weltwirtschaftskrise von 1929 trieb den Vater in den Konkurs. Dies verarbeitet Fritz in einer lustigen Anekdote:

„Mein Vater schrieb immer in seine Geschäftsbücher, mit Gott, und weil er auch wollte, dass ich auch mit ins Geschäft sollte, machte er mit Gott und mir Pleite."

Das gesellschaftliche Sein bestimmt das Bewusstsein

Durch den Konkurs des väterlichen Betriebes veränderte sich die ökonomische und damit auch die gesellschaftliche Situation der Familie Lamm dramatisch. Das Einkommen reichte nicht mehr aus, um das Schulgeld, geschweige ein Studium für Fritz finanzieren zu können. Fritz befand sich schlagartig auf der sozialen Stufe der Arbeiter und Arbeiterinnen, die er im Betrieb seines Vaters aus der Warte des Juniorchefs erlebt hatte. Auch in der Jugendgruppe des Freidenker-Verbandes war er nun sozial unter Gleichen. Diese soziale und ökonomische Veränderung schärfte sein politisches Bewusstsein. Seit dieser Zeit studierte er besonders die Schriften von Rosa Luxemburg. Zitat: „Ich fühle mich in letzter Zeit so oft verwandt einem der größten aller denkenden und fühlenden Menschen: Rosa Luxemburg."

Fritz Lamm war arbeitslos. Er hatte genügend Zeit, sich Pläne zu machen. Er wollte Journalist werden. Da er schon Mitglied in der SAJ, also der Sozialistischen Arbeiterjugend, war, bot sich ihm die Gelegenheit, in der Stettiner Redaktion des Volks- Boten, dem Organ der Sozialdemokratischen Partei Pommerns, eine Volontariatsstelle anzutreten. Doch schon nach einem halben Jahr war diese Ausbildung beendet, der Grund: die SPD strengte gegen ihn ein Parteiausschlussverfahren an. Begründung: Lamm radikalisiere die Parteijugend, Beleg: er zitiere aus den Schriften von Marx-Engels und Rosa Luxemburg. Fritz war wieder arbeitslos und enttäuschte damit auch den Vater, der auf eine Karriere seines Sohnes in der SPD gehofft hatte. Was sollte Fritz tun? Die Weltwirtschaftskrise hatte seinen Vater in den Ruin getrieben, die anderen Firmen, sofern sie noch existierten, stellten nicht mehr ein, schon gar nicht Ungelernte. In seiner Not eröffnete Fritz in seiner Wohnung ein private Leihbücherei. Zitat: „Das ging schlecht. Das ging auch deshalb schlecht, weil an dem Tage, an dem ich aus der SPD dann endgültig ausgeschlossen war, ich auch aus dem Judentum ausgetreten bin. Das haben sich die Juden gemerkt und haben mir keine Bücher mehr abgekauft und auch keine mehr geliehen." Auch die Sozialdemokraten blieben der Lamm-Bücherstube fern, teils aus Parteiräson oder weil sie ihr Arbeitslosengeld für Miete und Brot brauchten. Fritz hatte kein Geld, aber viel Zeit. Die nutzte er, indem er sich in der Stettiner Berlitz-School in einen russischen Sprachkurs eintrug. Er schloss ab mit der Note „sehr gut" und dem Zeugniseintrag: „Herr Lamm hat bei der

Prüfung bewiesen, dass er über umfangreiche Kenntnisse in dieser Sprache verfügt, machte sich leicht verständlich, konnte sich fließend unterhalten, dolmetschte fehlerfrei und schrieb flott und sicher Russisch. Er ist durchaus geeignet, als Dolmetscher aufzutreten." Zusammenfassend kann dieses Kapitel wie folgt abgeschlossen werden: Die als Folge der Weltwirtschaftskrise im väterlichen Betrieb verlor er seine Lehrstelle als Kaufmann. Wie auch der Verlust der Volontariatsstelle hatte dies für Fritz Lamm die fatale Konsequenz, dass er nie mehr in seinem Leben die Möglichkeit bekommen sollte, einen Beruf zu erlernen und somit nie eine abgeschlossene Berufsausbildung vorweisen konnte. Trotz dieser Einschränkung bleibt für mich Fritz Lamm einer der intelligentesten Menschen, die ich in meinem Leben kennen gelernt habe. Der Tod des Vaters verschärfte die finanzielle Notlage der Familie noch mehr. Die Schwester Dora war zu diesem Zeitpunkt noch die Einzige in der Familie mit einem festen Einkommen. Doch auch diese Einnahmequelle versiegte, weil die jüdische Firma, bei der sie angestellt war, durch den nationalsozialistischen Judenboykott nur noch eingeschränkt weiter existieren konnte. Trotz der Tiefschläge blieb Fritz der Optimist nach dem Motto: „ Ein Marxist kann und darf nicht Pessimist sein." In einem

Brief schreibt er: „Denn die Zukunft bleibt ja immer Zukunft: - oder wie ich bei Dr. Rosenberg im Religionsunterricht gelernt habe, - dass millionenfach Dornbüsche verbrannten, die vom Feuer erfasst wurden, bedeutet ja noch nicht unbedingt, dass nicht einmal einer nicht verbrennen wird." Hier vermischt sich Skepsis mit Hoffnung. In meiner weiteren Lebensbeschreibung wird deutlich, dass diese Mischung sich wie ein roter Faden durch die Biographie von Fritz Lamm zieht.

Trennung vom Judentum und Neuorientierung

Durch das intensive Studium der sozialistischen Schriften entwickelte sich bei dem 19jährigen Fritz Lamm in zunehmendem Maße ein marxistisches Bewusstsein. Er beschreibt diese Entwicklung so: „Kommend aus der deutsch-jüdisch-bürgerlichen Jugendbewegung über Pazifismus und Frömmigkeit zum Marxismus." Im Frühjahr 1930 entschloss er sich zum Eintritt in die SPD und SAJ, außerdem wurde er Mitglied im Tourismusverein „Die Naturfreunde". Ich habe schon darauf verwiesen, dass Fritz sehr bald aus der SPD ausgeschlossen wurde. Folgerichtig schloss sich der jetzt heimatlose Lamm, wie auch viele andere linke Sozialdemokraten, der neu gegründeten revolutionär-antikapitalistischen SAP (Sozialistische-Arbeiter-Partei) an. Die SAP grenzte sich sowohl von der SPD, aber auch von der KPD ab, weil sie deren stalinistischen Kurs ablehnte. Viele Jahre später, nachdem Lamm aus dem kubanischen Exil nach Deutschland zurückkehrte, beschrieb er die Ursache für die SAP- Gründung dialektisch so: „ Selbst wenn die Gründung der SAP falsch war, - es wäre ebenso falsch gewesen, sie nicht zu gründen. Subjektiv hatten wir keine andere Wahl, wenn auch die objektiven Vorrausetzungen sehr ungünstig waren- und sich manche berechtigten Hoffnungen auf größere Wirkung und Mitgliedschaft nicht erfüllten."

Ironischer weise sollte sich die Frage einer Parteigründung links von der SPD in den 1970iger Jahre wieder stellen. In Ulm im Mohrensaal stand wie in anderen Städten diese Frage zur Diskussion. Rudi Dutschke und Fritz Lamm plädierten für eine alternative, sozialistische Parteigründung. In der Diskussion vertrat ich die Gegenposition, weil ich Chancen sah, die SPD von innen heraus zu verändern. Wenige Jahre später habe ich diese Hoffnung aufgegeben und bin aus der SPD ausgetreten. Unsere inhaltlich unterschiedliche Position in dieser Frage hat unserer Freundschaft nicht geschadet. Wir haben wohl beide verstanden, dass es zum damaligen Zeitpunkt objektiv genau so ungünstig war, wie bei dem historischen Zeitpunkt der Gründung der SAP, die nie Massenpartei werden konnte. Durch einen glücklichen Umstand habe ich Jacob Walcher, den ehemaligen Vorsitzenden der SAP, in Ostberlin kennen gelernt. Mit meinem Freund Alfred Moos war ich in der DDR. Wir wollten auch seinen Freund Jacob Walcher besuchen. Diesen Besuch mussten wir dann in der Berliner Charité machen, denn Jacob war sehr krank, doch geistig hell wach. Ich wurde ihm von Alfred als „Stellvertretender Bundesvorsitzender der Jusos" vorgestellt. Jacob interessierte sich, von mir zu erfahren, wie ich die Situation der SPD einschätzte. Er äußerte sich sehr kritisch zu der Rolle von Willy Brandt, den er aus seiner SAP-Zeit sehr gut kannte. Er schilderte den jungen Brandt, der immer dadurch auf Parteikongressen auffiel, dass er mit viel Pathos und erhobener revolutionärer Faust seine Beiträge absonderte. Eine Episode ist mir besonders in Erinnerung geblieben: Jacob erzählte, dass Brandt inkognito in der DDR war, kurz bevor er Regierender Bürgermeister von West-Berlin werden sollte. Darauf angesprochen von ihm, erwiderte Brandt: niemals werde er sich von dem amerikanischen Imperialismus zum Regierenden von West-Berlin machen lassen. Im weiteren Gespräch interessierte sich Jacob über die Situation der Linken in Baden/ Württemberg, denn er stammte ja aus der Nähe von Laupheim. Linke und Baden/Württemberg - fast zwangsläufig kamen wir auf Fritz Lamm zu sprechen. Jetzt war Jacob nicht mehr zu bremsen, voll des Lobes, mit Wärme und Herzlichkeit reihte er Episode an Episode, in denen Fritz Lamm gewürdigt wurde. Als ich erzählte, dass ich bei Fritz Kurse in marxistischer Philosophie besucht habe, hatte ich einen neuen Freund gewonnen. Noch einmal kam er auf Willy Brandt zu sprechen in dem Zusammenhang, dass der ehemalige SAP-Genosse keinen Finger gerührt hatte, als sein SAP- Genosse Fritz Lamm 1963 wieder aus der SPD ausgeschlossen wurde. Beim Abschied hatten wir wohl alle Tränen in den Augen, denn unsere Unterhaltung war sehr bewegend - und weil wir ahnten, wir werden uns nicht wiedersehen. Jacob Walcher, der große Mann der Arbeiterbewegung, ist kurz danach gestorben.

Verhaftung und Gefängnis

Die Nationalsozialistischen Machthaber nahmen den Reichstagsbrand vom 27. Februar 1933 zum Anlass, eine Notverordnung „ zum Schutz von Volk und Staat" zu erlassen. Auf dieser Grundlage wurden zahlreiche kommunistische und sozialdemokratische Parteifunktionäre verhaftet. Am Abend des 3. Mai 1933 wurde Fritz Lamm von 3 Hilfspolizeibeamten in der elterlichen Wohnung verhaftet. In der Wohnung, in den Keller- und Bodenräumen fand die Kriminalpolizei genügend belastendes Material, so einen von Fritz Lamm verfassten Artikel, den er in einem Brief an Jacob Walcher weitergab: „Die SAP und ihre Aufgaben": „Die Treue und Standfestigkeit, die die Mitgliedschaft der SAP besonders in der jüngsten Vergangenheit gezeigt hat, die Tatsache, dass die Mitgliedschaft der SAP von Anfang an mit wenigen unrühmlichen Ausnahmen... aus Kämpfern bestand, die bereit waren, für die Bewegung und nicht von der Bewegung zu leben, bietet die Gewähr, dass die SAP auch unter den gegebenen unerhört schwierigen Bedingungen fähig sein wird, ihre Aufgaben zu erfüllen. Die wichtigste und dringlichste Aufgabe ist, die ganze Partei so aufzubauen und den Lebensbedingungen unter dem faschistischen Terror anzupassen, dass sie imstande ist, dem härtesten Druck standzuhalten und zu tun, was das Interesse der Arbeiterbewegung erfordert. Aus der geschilderten Lage ergibt sich, dass für den Kampf um die Macht zum Sturz der faschistischen Herrschaft für absehbare Zeit alle Voraussetzungen fehlen... In nächster Zukunft gilt es vor allem, aus den Trümmern der Arbeiterbewegung die Bausteine zu ihrer Erneuerung zusammenzutragen. Es gilt, mutig und entschlossen die Wahrheit zu verbreiten, die Widerstandskraft der Massen zu stärken und das rote Banner der Arbeiterklasse auch in der Zeit ihrer tiefsten Erniedrigung und des schärfsten Terrors hochzuhalten." Vom 3. Mai 1933 bis Oktober 1935 saß Fritz ununterbrochen in den verschiedenen Gefängnissen. In einem ersten Brief an seine Mutter versuchte er sie zu beruhigen, denn diese hatte durch die ständigen Hausdurchsuchungen, Verhöre und ihre Sorge um den Sohn eine schwere Zeit. In diesem Brief schrieb er ihr, dass er für die ihm zur Last gelegten Vorwürfe die volle Verantwortung übernommen habe: „das ist nicht Edelmut, das ist Notwenigkeit. Sei nicht traurig Muttchen, mir geht es gut. Ich hoffe, Euch nicht zu schaden... Bald sehen wir uns wieder." Fritz ging es natürlich überhaupt nicht gut. Er wurde von den SA- Schergen schwer gefoltert. Man führte ihm Häftlinge vor die, zu Krüppeln geschlagen, aus den Verhören zurückgekehrt waren. Mit diesen Maßnahmen wollte man von ihm die Preisgabe der Namen seiner politischen Freunde erzwingen. „Du bist doch Jude, dich werden sie totschlagen", so drohten ihm seine Peiniger. Und als ob sie seine innersten Gedanken erahnen würden, fügten sie mit beispiellosen Zynismus hinzu: „Wenn Du Selbstmord machen willst, dann ist das immer möglich. Schlag die Fensterscheibe ein und schneid Dir die Pulsadern auf! Die Rechnung für die Scheibe werden wir Deiner Mutter präsentieren." Nach den ständigen Verhören wird Fritz in seine Einzelzelle geworfen, er hat keinen Kontakt. Seine psychische Situation wird in einem weiteren Brief an seine Mutter erkennbar: „Wieder und wieder hindern mich die Tränen, Dir mitzuteilen, was ich fühle und denke..... Wochen trennen mich von Deiner Nähe, mehr noch, überhaupt von jedem menschlich mir zugetanen Herzen, von jedem freundlich verstehenden Blick und Wort, und in dieser kalten Einsamkeit, da empfindet man den Mangel an Muttchens Nähe doppelt und dreifach. Niemand kann ich mein Herz ausschütten, mit niemand kann ich sprechen und mich beraten." Fritz schildert in seiner Biographie die brutalen Folterungen und Demütigungen (siehe „Eine Politische Biographie" von Michael Benz)

Die Tatsache, dass Fritz Lamm in Leipzig vor dem Reichsgericht als politischer Gegner angeklagt und verurteilt wurde, war so makaber es klingen noch sein Glück, denn wäre er unpolitisch gewesen, hätte er wohl, wie später ein Teil seiner Verwandtschaft, im KZ den gelben Judenstern und den rosa Winkel tragen müssen. Ich schließe dieses Kapitel ab mit der Bilanz von Fritz und dem ihm eigenen Humor:

„Eine Anschlussrechnung aufzustellen, ist schon deshalb müßig, weil ja kein Vergleich möglich ist; denn wer weiß, was mir die Zeit sonst gebracht hätte. Ich habe immer versucht, noch das Beste aus meiner Lage heraus zu holen..... Ich könnte daher leicht geneigt sein, diese doch im Ganzen verlorenen zweieinhalb Jahre zu günstig anzuschlagen.... Ein Zahlenbeweis, dass die Göttin der strafenden Gerechtigkeit mit mir versöhnt sein muss. Heute bin ich genau 8864 Tage alt (Ergebnis der langen, dunklen Nächte) und genau 886 Tage im Gefängnis. Von jeher zollen die Menschen den Zehnten ihres Besitztums ihren Göttern, die sich dann damit begnügen. Und da ich ja nie mehr als mein Leben und das, was der Sprachgebrauch etwas verwegen Freiheit nennt, besessen habe, so meine ich, mit der Welt nun Quitt zu sein."

Als ich das gelesen habe, um es dann aufzuschreiben, glaubte ich für einen Augenblick, Fritz Lamm würde auf meinem Bildschirm mir augenzwinkernd zulächeln, war diese Aussage doch so Lamm-typisch.

Die Stationen der Flucht: Schweiz - Österreich - Tschechoslowakei - Frankreich bis Kuba

Durch Zufall bekam ich das Buch „Landgericht" von Ursula Krechel in die Hand. In „Landgericht" ist die Hauptfigur ein Richter. Die Nazizeit mit ihren absurden und tödlichen Folgen zieht sich wie ein Riss durch sein Leben. Er flieht vor dem Naziterror und kommt nach Kuba, wo er auf Fritz Lamm trifft. Ich lasse den Richter Kornitzer von dieser Begegnung erzählen: „Durch Hans Fittko und Lisa Ekstein lernte ich den immer heiteren Fritz Lamm kennen. Er war ein geborener Volkspädagoge. Was in Deutschland geschehen war, was die Erfahrungen des Krieges bedeuteten, konnte niemand so gut erklären wie Fritz Lamm..... Als er Ende 1935 aus dem Gefängnis entlassen wurde, stellte man ihn sofort wieder unter Polizeiaufsicht. Eine Arbeit zu bekommen, war aussichtslos, er ging stempeln und wohnte bei seiner Mutter. Als in Stettin Pralinenschachteln auftauchten, in deren Boden sozialistische Broschüren versteckt waren, fiel der Verdacht sofort auf ihn. Er entzog sich den neuen Gestapo-Verhören durch die Flucht. Er reiste nach Stuttgart und von dort in die Schweiz. Die Schweizer Behörden setzten ihn wieder fest. Er wurde nach Österreich abgeschoben, von dort gelang ihm die Flucht in die Tschechoslowakei. Die Geheime Staatspolizei Stettin korrespondiert über ihn mit der Geheimen Staatspolizei in Berlin. Sein Name findet sich wieder auf der 14. Ausbürgerliste im Deutschen Reichsanzeiger vom 27. Oktober 1937. Jetzt ist Fritz Lamm vogelfrei.

Mitte August 1938 war Lamm dann in Paris angekommen, arbeitete für die Sozialistische Arbeiterpartei als Sekretär, er wurde wieder verhaftet, saß im Pariser Zentralgefängnis und dann im Lager Le Vernet als „feindlicher Ausländer". Mit gefälschten Papieren kam Lamm nach Havanna. Diese Papiere später wieder in reguläre umzuwandeln, kostete viel Mühe und auch Geld. Die ersten sechs Monate hatte er im Internierungslager Tiscornia verbracht, und all das war wie Wasser an ihm abgeperlt. „Weil er ein deutsches Zuchthaus kannte, weil er ein französisches Internierungslager kannte? Weil er seine Widerstandskraft kannte." Durch das Buch habe ich wieder den authentischen Fritz Lamm erlebt.

Nach Japans Angriff auf Pearl Harbour trat Kuba am 11. Dezember 1941 an der Seite der Alliierten in den Krieg gegen Nazideutschland ein. So ist zu erklären, dass es in einer amtlichen Erklärung der kubanischen Immigrationsbehörde heiß, die auf Kuba angekommenen Flüchtlinge, die

Opfer undurchsichtiger bürokratischer Vorgänge geworden waren, würden in das Einwanderungslager Tiscornia geschickt, um festzustellen, ob diese Personen mit den zur Verteidigung der Demokratie alliierten Mächten sympathisieren und infolgedessen den totalitären Regierungen ablehnend gegenüberstehen.

In der für ihn so bezeichnenden Manier schreibt Fritz Lamm an seine New Yorker Freunde: „ Am historischen Datum, dem 14. Julie, an dem man einst zum Siege der Freiheit auf dem Platz der Bastille tanzte, sitze ich genauso aussichtslos hier wie vor zweieinhalb Monaten." Nach sechs Monaten Lageraufenthalt kam Fritz Lamm am 7. November 1942 frei.

In Kuba wurde in den 1940iger Jahren der Nationalreformer Ramon Grau San Martin zum Präsidenten gewählt. Von den USA wurde er als gefährlich eingestuft. Fritz Lamm definierte dessen Partei die PRCA (Partido Revolucionario Cubano Autentico) als schwer mit europäischen Parteibegriffen zu definieren. Er charakterisierte die Partei als „demokratisch, national, sozial bis sozialistisch, teilweise mit verschwommenen national- sozialistischen Mischungen."

Trotz eines generellen Arbeitsverbotes ermöglichte die kubanische Regierung den Exilanten ab Mitte 1942 durch die Umwandlung des Besucherstatus in ein Daueraufenthaltsrecht, ihren Lebensunterhalt selbst zu verdienen und geschäftlich tätig zu sein, sofern dies im Interesse Kubas lag.

Fritz Lamm hatte den Zwangsaufenthalt im Lager bestens genutzt, indem er sich die spanische Sprache beibrachte und in kürzester Zeit perfekt Spanisch sprechen und schreiben konnte. Mit diesen Kenntnissen war er privilegiert und bekam auch schnell einen Arbeitsplatz. Die Zeit im Lager nutzte Lamm auch, um sich mit der Kunst, der Musik und der Malerei Kubas auseinanderzusetzen. Fritz Lamm war mit diesen Kenntnissen mitten drin im kubanischen Leben.

Was Fritz sehr belastete, dass er immer noch seinen Freunden auf der Tasche lag. In diesem Zusammenhang kommt wieder Jacob Walcher vor, der ihm im November 1942 schrieb: „Wir werden Dir, so gut es uns möglich ist, unter die Arme greifen. Da einige unserer Freunde jetzt hier schon ganz anständig verdienen und ihre Opferwilligkeit allweil gut war, wird es uns möglich sein, Dir und anderen so viel zu schicken, wie ihr braucht, um existieren zu können."

Fritz Lamm konnte sich von einem reichen Juden 200 Dollar leihen. Mit diesem Geld konnte er eine Ausbildung als Diamantenschleifer finanzieren. Zum ersten Mal, mit 32 Jahren, konnte Lamm einem geregelten Broterwerb nachgehen, eigenes Geld verdienen und sich eine eigene Wohnung mieten. Nach einem Jahr hatte er bereits etwa 1000 Dollar verdient.

Die Freunde, wie Jacob Walcher, halfen Fritz nicht nur materiell, sondern versorgten ihn auch mit Informationen und aktuellen Nachrichten über die politische Weltsituation. Diese Informationen nutzte Lamm, um in seinem Umfeld Schulungen, Referate und Diskussionen anzuleiten. So begründet er seine politische Arbeit so: „Man muss ihnen mit nüchterner, wissenschaftlicher Exaktheit beweisen, dass und warum der Kapitalismus unfähig ist zur Erneuerung, dass er deshalb die Welt durch Not und Elend und Chaos in neue Massenschlächterei führen wird, und man muss ihnen den Sozialismus nicht nur, wie es leider so oft geschehen ist, als materille Existenzsicherung und Verbesserung zeigen, sondern als großes Ideal solidarischer Zusammenarbeit und Zusammenlebens, als Weg aus der Entmenschlichung zur Menschlichkeit." Hier wird deutlich, was derdeutsche Richter Kornitzer so ausdrückte: „Fritz Lamm war der ge-

borene Volkspädagoge." Das erkannten auch seine Arbeits-
kollegen und wählten ihn zu einem der der drei ehrenamt-
lichen Gewerkschaftssekretären. Das bedeutete für Fritz
eine hohe Wertschätzung, aber auch zusätzliche Arbeit mit
viermal die Woche Abendsitzungen bis tief in die Nacht,
sowie endlose Lohnverhandlungen und Streitfragen mit
den Unternehmern. Die Schwierigkeit bestand noch darin,
dass die Gewerkschaft in Kuba noch nicht legalisiert war,
was dann aber mit der aktiven Arbeit von Lamm erreicht
wurde. Im Herbst 1944 bekam Lamm dann das Angebot,
bezahlter Gewerkschaftssekretär zu werden. Er nahm den
Posten an, mit Rücksicht auf seine angeschlagene Ge-
sundheit. Die Mehrfachbelastung als Diamantenschleifer
mit einem 9 Stundentag und die unbezahlte ehrenamtliche
Gewerkschaftätigkeit waren schlicht zu viel. Lamms Ge-
sundheitszustand verschlechterte sich ständig, im Mai 1944
erkrankte er schwer. Über mehrere Wochen erlitt er immer
wieder Ohnmachtsanfälle, hatte innere Blutungen mit mas-
sivem Gewichtsverlust. Jacob Walcher brachte stellvertre-
tend für seine Freunde die Hoffnung zum Ausdruck, dass
zu wünschen wäre, dass Fritz, der durch seine ganz unangebrachte Bescheidenheit seinen schlimmen Zustand mit
verschuldet hatte, wieder vollständig gesund würde. Jacob
Walcher kritisierte damit die rastlose Art der gesundheit-

lichen Selbstausbeutung von Fritz Lamm. Die Freunde sammelten, damit sich Fritz operieren lassen konnte, doch dieser lehnte eine Sonderbehandlung selbstlos ab. Endlich, im Februar 1945, wurden ihm mehrere Geschwüre operativ entfernt. Zur Finanzierung der Operation richteten seine internationalen Freunde eine sogenannten „Fritz- Lamm- Solidaritätsfonds" ein. Energisch protestierte Fritz noch aus der Klinik, denn: „1. war ich noch nicht tot und brauchte noch keine Ehrung, 2. sollte man unter Nutzung meines Namens für etwas anderes sammeln als für mich. Das ist Irreführung der Spender." Jetzt wurde Jacob Walcher energisch, er warf Lamm falschen Stolz und unangebrachte Bescheidenheit vor, weil er nicht krank und hilfsbedürftig erscheinen wollte.

Ich habe die gesundheitlichen Probleme von Fritz so ausführlich dargestellt, weil ich damit die ungeheure Solidarität unter den Freunden und Genossen dokumentieren wollte und auch die Wertschätzung, die Fritz Lamm erfahren hat.

Lamm bemüht sich um eine Ausreise in die USA

Schon unmittelbar nach der Entlassung aus dem Lager im kubanischen Tiscorna hatte sich Fritz Lamm um eine Einreisemöglichkeit in die USA bemüht. Bedingung dazu war,

Schon unmittelbar nach der Entlassung aus dem Lager im kubanischen Tiscorna hatte sich Fritz Lamm um eine Einreisemöglichkeit in die USA bemüht. Bedingung dazu war, dass er den Nachweis erbringen musste, dass seine Einwanderung für die USA von Nutzen sei. Schon bald erfuhr Lamm, dass sein Antrag abgelehnt worden war. Er mutmaßte seine eindeutige Abstammung und seine eindeutige Vergangenheit als Ablehnungsgrund. Interessant ist in diesem Zusammenhang, dass in einem Briefwechsel sich nicht nur Jacob Walcher, sondern auch Willy Brandt für eine Ausreise Lamms in die USA verwandt hat. Es gab im Laufe der Jahre mehrere Versuche, eine Einreisebewilligung zu bekommen, doch immer mit negativem Bescheid. Lamm kommentierte die Weigerung, ihn einreisen zu lassen, so: „Ich habe nie das Gefühl gehabt, dass ich ein guter Amerikaner werden würde und habe immer etwas Europa-Heimweh gehabt. Aber dennoch hätte ich sehr gerne das Land, die Menschen, das Leben und vieles drüben kennengelernt. Was mich am meisten hinzog, wart Ihr und überhaupt viele Freunde und Bekannte. Aber ich habe keinen Grund, mein Leben in Kuba zu verdammen - und es ist immer gut, sich da wohl zu fühlen, wo man gerade ist. Zu einem weiteren Versuch habe ich nun allerdings keine Neigung."

Im Nachkriegsdeutschland stellte sich die Frage:
Wie geht es weiter mit SPD-SAP oder KPD?

Innerhalb der SAP, in den verschiedenen Exilgruppen, bestanden unterschiedliche Auffassungen über das Fortbestehen der Partei.

Je näher der Zusammenbruch der nationalsozialistischen Herrschaft bevorstand, desto mehr entstanden Diskussionen über die Positionsbestimmungen. Diese Diskussion verlief quer durch die deutsche Arbeiterbewegung. Es stand die Frage im Raum, nach den Erfahrungen des Faschismus eine sozialistische Einheitspartei zu schaffen. So zynisch es erscheinen mag, diese Einheitspartei hatten die Nationalsozialisten in den Konzentrationslagern hergestellt, indem sie ohne ideologische Unterscheidung Sozialdemokraten und Kommunisten gleichgeschaltet und behandelt hatten. Noch nach 1945 verlief diese Positionsbestimmung unterschiedlich auf der einen Seite in den Reihen der aus dem Exil Zurückgekehrten und dann aus den Verfolgten und befreiten KZ- Häftlingen.

Willy Brandt und die Stockholmer Exilgruppe gingen davon aus, dass im postfaschistischen Deutschland kein Raum sei für eine dritte Partei zwischen Sozialdemokraten und Kommunisten. In ihrer Begründung formulierten sie:

„Die umstürzenden Ereignisse seit 1933 haben die Grundlagen und Bedingungen für den Neuaufbau der Arbeiterbewegung in Deutschland gegenüber früher verändert. Veränderte Schwierigkeiten und Bedingungen und Aufgaben stehen bevor. Sie können mit Erfolg nur dann bewältigt werden, wenn es gelingt, von Beginn des Wiederaufbaus an die frühere Zersplitterung zu verhindern und neben einer einheitlichen Gewerkschaftsbewegung eine sozialistisch-demokratische Einheitspartei zu schaffen." Jacob Walcher und seine New Yorker Freunde waren zwar der Ansicht, dass die SAP ihre Sonderexistenz im Nachkriegsdeutschland aufgeben könnte, zugunsten einer Einheitspartei, diese Einheit könne jedoch nicht durch einen Beitritt zur SPD herbeigeführt werden. Fritz Lamm wich in dieser entscheidenden Frage von der Position von Walcher ab, indem er die Frage stellte, „ob es überhaupt noch eine gemeinsame SAP- Ideologie gäbe." Er analysierte, es gibt keine „Sozialistische Arbeiter-Partei" mehr, und um die SAP neu zu konstituieren, fehle die organisatorische Basis und überhaupt alle Vorrausetzungen, und „eine Politik im luftleeren Raum sollten wir nicht betreiben". Für Walcher dagegen waren die Sozialdemokraten seit 1914 zu Verrätern geworden und deshalb, so in einem Brief an Brandt - hielt er den Betritt zur SPD in der gegebenen Situation unter jedem Möglichen Aspekt für falsch. Viele Emigranten, so auch Fritz Lamm, schlossen sich nach ihrer Rückkehr nach Deutschland der SPD an. Jacob Walcher hingegen wählte die Sowjetische Besatzungszone Deutschlands als neue politische Heimat. Aus heutiger Sicht ist der Analyse von Arno Klönne und Klaus Vack (in der von Fritz Lamm herausgegebenen Schrift: „Geschichte der Arbeiterbewegung") zuzustimmen, wenn sie schreiben: „Mehr als in irgendeinem Land war und ist die Linke in Westdeutschland durch Geschichtsverlust gekennzeichnet. Die Herrschaft des Faschismus in Deutschland bedeutet nicht nur die Unterdrückung der Organisationen der Arbeiterbewegung, sondern zugleich den weithin gelungenen Versuch, das Bewusstsein von der Tradition der Arbeiterbewegung auszulöschen. Zur Verdrängung der Geschichte trug dann bei, dass die SPD im Zuge ihrer Entwicklung zur „Volkspartei" die Vergegenwärtigung ihrer Vergangenheit kaum gebrauchen konnte, ebenso, dass die kurzatmige Indienstnahme der Geschichtsschreibung der Arbeiterbewegung für taktische Parteizwecke, wie sie von kommunistischen Organisationen hierzulande nach 1945 und bis heute betrieben wurde (und wird) eher abstoßend wirkte".

Rückkehr nach Deutschland

Nach seiner Rückkehr machte Fritz Lamm nicht, wie bei-
spielsweise seine ehemaligen SAP Genossen Willy Brandt,
Otto Brenner oder Heinz Kühn- im Nachkriegsdeutschland
eine Spitzenkarriere, sondern übernahm wie die meisten re-
migrierten ehemaligen SAP- Mitglieder eine mittlere Par-
teifunktion. Fritz war sich bewusst, dass vieles fremd und
schwer für ihn in Deutschland sein würde. In einem Brief
schreibt er über seine Beweggründe, zurückzukehren:
„Aber welchen Sinn hätte es, wenn ich weiter den Uhren-
händler Pick in Cuba bereicherte, einem Land mit einer
Sprache, die mir stets eine angelernte blieb- und mit einem
Milieu, das sich eben mit meinen Vorstellungen und auch
polotischen Interessen schwer verband. Ich war sehr gerne
dort. ... Aber ich habe diese Zeit immer als einen Zwangs-
aufenthalt- und nie Dauerzustand betrachtet... Ich kann Dir
gestehen, dass ich wahrscheinlich, wenn ich Frau und Kin-
der hätte, nicht nach Deutschland zurückgegangen wäre.
So bin ich alleine, mir verantwortlich, lebe und sterbe für
mich- und konnte leichter zurückgehen."
Fritz Lamm verstand sich immer als politischer Kämpfer
und betrachtete seinen zukünftigen Wohnort nicht isoliert
von seiner politischen Mission: „ Ich habe mich immer als

deutscher politischer Flüchtling empfunden, dessen Aufgabe es ist, dort, wo seine Muttersprache gefunden wird, in der allein ich mich gut ausdrücken kann, für den Sozialismus zu arbeiten, lernend und lehrend, gegen oder falls es mal sein sollte - auch mit dem Strom". Lamm setzt sich auch mit dem Vorwurf auseinander der lautet: wie könnt ihr wieder nach Deutschland zurückkommen, er antwortet darauf: „Manche unserer Freunde hier fragen uns: Wie könnt ihr nur nach Deutschland zurückkehren? Nach allem, was sie uns angetan haben? Was sie- die Nazis- uns angetan haben, verpflichtet uns zur Rückkehr.

Auf diesen Augenblick haben wir während der Jahre des Exils gewartet. Gemeinsam mit den Kämpfern des Widerstandes müssen die Wurzeln des Faschismus ausgetilgt, die Schuldigen gerichtet werden. Die Alliierten haben Deutschland besiegt. Deutschland vom Faschismus befreien können nur wir." Es gehörte zu den ganz besonderen Momenten in meinem politischen Leben, dass mich Fritz zu einem Treffen mit Fritz Bauer, dem Hessischen Oberstaatsanwalt, mitnahm.(Fritz Bauer hatte gegen heftigen Widerstand den Ausschwitzprozess in Frankfurt durchgeführt). In diesem Gespräch behandelten die Beiden genau die Aufgabe, welche Fritz in seiner Begründung für seine Rückkehr formuliert hatte. Nach über zwölfjähriger Abwesenheit betrat Fritz Lamm am 18. Oktober 1948 erstmals wieder deutschen Boden, in Köln. Köln gehörte mit zu den am schlimmsten zerstörten Städten in Deutschland. In Frankfurt lud ihn sein ehemaliger SAP- Genosse Karl Gerold, Herausgeber der „ Frankfurter Rundschau", zu einem Gespräch ein, auf die Schnelle verfasste Lamm zwei Artikel über Kuba. Dafür bekam Fritz 150 DM Honorar, sein Startgeld für sein neues Leben.

Am 31. Oktober 1948 erreichte Lamm seine neue Wahlheimat Stuttgart

Schon kurz nach seiner Rückkehr resümierte Fritz, dass es richtig war zurückzukommen, indem er festhielt: „Ich bin überall von Freunden und alten Genossen aufs Beste und Herzlichste empfangen worden. Unsere engen Freunde sind die einzigen, die verstehen, warum man zurückkommt.

Die meisten anderen Menschen auf Ämtern, Polizei, Büros (man muss genügend herumlaufen: Wohnungsamt, Lebensmittelamt u.s.w.), aber auch sozialdemokratische Angestellte wundern sich immer wieder, warum einer hierher kommt."

Fritz Lamm fand vor allem Unterstützung bei Menschen aus dem Widerstand. So fand er eine vorläufige Unterkunft bei Richard Schmid, der während des "Dritten Reiches" politisch verfolgt wurde und seit 1945 Generalstaatsanwalt des Landes Württemberg-Baden war. Mit viel Mühe fand Fritz dann in der Stuttgarter Innenstadt ein möbliertes Zimmer. Über das Ausmaß der Kriegszerstörung zeigte er sich erschrocken und deprimiert. Im November 1949 gab es für Fritz nach 13 Jahren der Trennung ein Wiedersehen mit seiner geliebten Mutter. Emma Lamm war 1939 nach Palästina bzw. Israel emigriert, wo sie sich nicht sehr wohl gefühlt und wegen des für sie ungünstigen Klimas „ein fürchterliches Asthma" bekommen hatte. Mutter Lamm war schwer leidend, aber trotzdem lebenslustig und nahm regen Anteil an allem, was der Sohn Fritz unternahm. Die Mutter Lamm starb dann 1952 mitten im Gespräch bei Bekannten.

Eine parteipolitische Bindung ging Fritz zunächst noch nicht ein, er fühlte sich noch als Beobachter. Bei den Naturfreunden und in der Gewerkschaft sowie bei den „ Falken", der an der SPD orientierten Jugendorganisation, sah er sein politisches Betätigungsfeld. Vor allem die Jugendarbeit lag ihm am Herzen, denn er war überzeugt, dass die deutsche Jugend nach 12 Jahren Hitlerdiktatur der Hilfe bedurfte, wieder geistig rein und frei zu werden. So hielt er anlässlich des 30. Todestages von Karl Liebknecht und Rosa Luxemburg bei den Falken und der Naturfreundejugend jeweils einen Vortrag. Interessant ist in diesem Zusammenhang, dass diese beiden Gedenkveranstaltungen die einzigen waren, die weit und breit veranstaltet wurden. Nur am Rande sei erwähnt, dass ich Jahre später einen Vortrag zu Rosa Luxemburg mehreren SPD Ortsvereinen angeboten habe- keine Resonanz. Schon sehr früh ging Lamm sehr kritisch mit der SPD ins Gericht er formulierte: „In der SPD existieren die verschiedensten Grüppchen, die für sich unter der Parole „Los vom Marxismus" neue Programme formulieren möchten". So kam er zu dem despektierlichen Urteil, die SPD als verbürgerlichte, versumpfte Gesellschaft zu titulieren, „die jedem hergelaufenen Schwätzer Posten anbietet. Im Inneren gibt es keine Parteidemokratie, und sie fürchten nichts mehr als das."

Wenige Monate, nachdem Fritz Lamm seine ersten Eindrücke gewonnen hatte und in verschieden Artikeln darüber berichtete, urteilte Richard Schmid über ihn: „Ich habe den Prozess des „Vertrautwerdens" bei Fritz genau verfolgt; er hat sich mehr als ihm guttut und uns lieb sein sollte, ins Gewühl gestürzt und dabei entdeckt, wie die alten Unterscheidungen, Kategorien und Begriffe fragwürdig geworden sind, wenigstens für den, der nicht nur am Schreibtisch die Lage analysieren will, sondern der mit den heutigen Menschen, den jungen und den alten, den einzelnen und den Gruppen, in lebendigen und aktiven Kontakt kommen will. So ist zum Beispiel der Begriff der Klassen zwar theoretisch noch richtig; die konkrete Bestimmung und Unterscheidung der Klassen ist bei den chaotischen Veränderungen im sozialen Gefüge vollkommen ins Fließen geraten" War das nun eine positive Würdigung von Richart Schmid, oder will er Lamm unterstellen, mit den alten Begriffen in der neuer Zeit zu agieren? Ich denke, dass Fritz Lamm sehr flexibel in seinem Denken war und sich sehr wohl von Dogmen lösen konnte, ohne seinen Klassenstandpunkt aufzugeben. Fritz Lamm war von Anfang an die Integration in das politische Leben nach seiner Rückkehr gelungen, und er hat sich eben nicht wie viele ehemalige Genossen korrumpieren lassen.

Der wandelnde Sinn

„Mit dem Begriff „Wirkungsgeschichte" wollte der deutsche Philosoph Hans- Georg Gadamer (1900- 2002) eine Antwort auf die Frage geben, welche Voraussetzungen Interpretationen von Texten haben. Wenn wir einen Text interpretieren, dann springt uns nach Gadamer keineswegs gleich der vom Verfasser intendierte Sinn wie von selbst in die Augen. Der Sinn, den ein Buch für uns ergibt, ist immer ein standortgebundener historischer Sinn, der auf einer Reihe von Interpretationen aufbaut und direkt oder indirekt unsere Interpretation des Textes leitet. Das bedeutet, die Geschichte wirkt auf unseren „Verstehensvorgang" ein. Es gibt keine Interpretation ohne den Horizont der Geschichte.

Was aber für die Ebene des Textes gilt, gilt auch für das tagtägliche Gespräch mit den Mitmenschen. Unsere Vorstellungen, Einstellungen, Urteile sind immer bereits an einen historisch bedingten Standort gebunden. So sehen wir die Welt mit acht Jahren anders als mit 16 und wiederum anders als mit 70. Ständig wirkt die Geschichte auf uns ein und bewirkt, dass der Sinn, den wir dem Leben geben, ein anderer ist."

Wenn wir diese kluge Betrachtung von Gadamer auf den bisher geschilderten Lebenslauf von Fritz Lamm anwenden, so wird deutlich, was er auf Grund seiner Erfahrung in die Nachkriegsdiskussion einbringen konnte. Mit mir haben viele davon profitiert.

Anstellung bei der „ Stuttgarter Zeitung"

Als erste Tageszeitung in Stuttgart erschien nach dem Krieg seit Mitte September die „Stuttgarter Zeitung." Sie erhielt von der amerikanischen Besatzungsbehörde die Lizenz. Fritz Lamm hatte prominente Fürsprecher, so den schon erwähnten Oberstaatsanwalt Richard Schmid und den Sozialdemokraten Joseph Eberle, der mit Lizenzträger war. Für Lamm wurde eigens eine Stelle geschaffen, als Leiter des Redaktionssekretariats. Fritz nahm die Stelle an, und typisch für ihn, ohne nach dem Lohn zu fragen. Nach Dienstantritt wurde ihm mitgeteilt: 400 DM pro Monat, was einem guten Durchschnittslohn entsprach. In seiner Funktion als Redaktionssekretär war er ein Bindeglied zwischen der Redaktion und dem technischen Betrieb.

Die linksliberale Grundanschauung der Lizenzträger schien die Gewähr zu bieten, Lamm entsprechend seiner politischen Gesinnung einen adäquaten Arbeitsplatz anbieten zu können, denn er suchte bewusst eine berufliche Tätigkeit außerhalb von Partei und Gewerkschaften. Ihm war wichtig, unabhängig politisch agieren zu können, was er- für ihn so typisch- beschrieb: „Ich möchte weiß Gott nicht gern Steine schleppen - aber ich möchte lieber Steine schleppen, als Berufspolitikbürokrat zu sein. Es gibt keine Partei- und keine Gewerkschaftsanstellung, die einen wirklich unabhängig lässt- und die Abhängigkeit macht eine ungesunde Kruste ums Hirn. Ich erinnere mich sehr gut des Briefes, den der Vater Wilhelm Liebknecht an Sohn Karl schrieb, als er ihm abriet, eine Parteikarriere anzunehmen und zu suchen, sondern lieber ein unabhängiger Anwalt zu werden... Ich habe eine ausgesprochene Abneigung gegen Parteianstellungen." Fritz Lamm nutzte seine Position als Redaktionssekretär immer mehr, um sich um die soziale Situation der Arbeiter und Arbeiterinnen und Angestellten zu kümmern. Als seine Kollegen ihn dann zum Betriebsratsvorsitzenden vorschlugen, zögerte er keine Sekunde, denn er erkannte, welche Chance es war, weil unangreifbar, weil unkündbar, seine gewerkschaftlichen Vorstellungen noch besser umsetzen zu können. Diese „betriebliche Machtposition" brauchte Lamm auch, weil sich seiner Beurteilung nach in den späten 60iger Jahren die politische Landschaft und die Presse als „immer reaktionärer" darstellte, und in dem Maße verschlechterte sich auch das Verhältnis zu „den Obersten" und der Redaktion. Bei den Arbeitern und Angestellten der Zeitung hingegen genoss Lamm „höchstes Ansehen." Die sozialliberale Koalition beschloss 1973 ein Gesetz, das die Pensionierung mit 63 Jahren ermöglichte.

Lamm schied zum frühestmöglichen Zeitpunkt aus dem Arbeitsleben aus. Seine persönliche Bescheidenheit drückte sich darin aus, dass er eine Sammlung für ihm zugedachte Abschiedsgeschenke verhindern wollte. Als ihm dies nicht gelang, bedankte er sich auf seine Art: „Mit Fernsehapparat, Rundfunkgerät und Kassettenrecorder habt ihr mich, der ich bisher ohne die Wunderwerke der Wissenschaft und Technik gelebt habe, zu einem Zeitgenossen des zwanzigsten Jahrhunderts gemacht".

In seiner stark von gewerkschaftlicher Argumentation geprägten Abschiedsrede dankte er den Kollegen für die Zusammenarbeit und appellierte an die nicht in der Gewerkschaft Organisierten mit einer frei erzählten kleinen Geschichte, die ihn als jungen Menschen fasziniert hatte:
„Ein Bauer fuhr mit seinem Sohn in Sommerszeiten auf einem Heuwagen über die Feldwege. Er rühmte sich, mit einer langen Peitsche alle Gegenstände in der Nähe treffen zu können. So schlug er ein Blatt oder eine Frucht vom Baume herunter. Der Sohn wies auf einen Käfer am Wege. Ein Peitschenknall, und der Käfer blieb tot liegen. Ein anderer Peitschenknall, und ein Schmetterling fiel getroffen zu Boden. Der Sohn erspähte nach Mücken und Fliegen und ermunterte den Vater, sein Können an ihnen zu beweisen. Es näherte sich eine Biene, und der Sohn rief: „Vater schau,

hier eine Biene". Da zögerte der Bauer, senkte die Peitsche und sagte bedenklich: „Nein, mein Sohn, die nicht; diese Biester sind organisiert."

Mit diesem Vergleich wandte sich Lamm besonders an die Angestellten, die häufig der Gewerkschaft indifferent gegenüberstanden, denn sie glaubten nicht, dass der Peitschenschlag die Unorganisierten viel eher treffen würde. Für ihn hing die Stärke jeder Gemeinschaft entscheidend von den Einzelnen ab, und davon, wie „diese Biester gewillt sind, ihre Stacheln zu benutzen." Mit diesem Beispiel wollte ich belegen, wie es Fritz Lamm gelang, durch eine einfache Sprache eine hohe Wirkung zu erzielen. Wenn ich ihmzuhörte, hatte ich immer den Eindruck, er zieht mich regelrecht in seine Gedanken hinein, und seine Gedanken wurden zu meinen eigenen, nicht durch Manipulation, sondern durch Klarheit und Wahrheit. Agathe Kunze, die Tochter des ehemaligen Herausgebers der Stuttgarter Zeitung, zollte Lamm in einem Gespräch das große Lob, für sie war er „vermutlich der einzige grundanständige Mensch im Hause."

Protest gegen die Wehrpolitik der SPD

Lamm setzte bewusst seine Autorität als Betriebsrats-Vorsitzender einer der größten Tageszeitungen ein, um gegen die Wehrpolitik zu protestieren. In einem Brief vom 23. Oktober 1958 an die Bundestagsfraktion und den Parteivorstand der SPD wurde Lamm aktiv und unterzeichnete bewusst als Betriebsratsvorsitzender: „Die Mitglieder unseres Betriebsrates sind von der großen Mehrheit der Betriebsangehörigen, die zu fast hundert Prozent gewerkschaftlich organisiert sind, aufgefordert worden.... Euch davon zu informieren, dass Euer Beschluss, sich positiv und freiwillig zur Bundeswehr einzustellen, fast einhellig abgelehnt wird. Sehr viele Kollegen brachten in der Diskussion zum Ausdruck, dass es sinnlos sei, wenn wir uns an Euch wenden, dass sie deswegen in Zukunft die Konsequenzen ziehen werden, sich an Kommunal-, Landes- und Bundestagswahlen überhaupt nicht mehr zu beteiligen, weil sie es ablehnen, eine Partei zu unterstützen, die im Schlepptau der verhängnisvollen Regierungspolitik nach und nach ihre eigenen Vorstellungen verlässt. Wir betonen, dass die Erregung unserer Kollegen nicht auf allgemein anti-militaristischen Gefühlen beruht, sondern durchweg sachlich begründet wird. Die Kollegenschaft hält fest an den jetzt von

Euch verlassenen, vor wenigen Jahren von Euch vertretenen Vorstellungen, dass jeglicher Wehrbeitrag der Bundesrepublik militärisch eine teure Spielerei, sonst aber völlig wertlos ist, dass es angesichts der modernen Waffentechnik überhaupt keine Verteidigung mehr geben kann, dass jede Aufrüstung und jegliche Hilfe zu militärischem Aufbau in Ost und West nur die bestehenden Spannungen erhöht." Lamm kandidierte zweimal erfolglos auf einer unabhängigen Liste der DFU und der Friedensbewegung für den Stuttgarter Gemeinderat. Doch eine Friedens- und Abrüstungsposition war in der hysterischen Hochphase des „Kalten Krieges" nicht mehrheitsfähig. Mit dem Thema der Wiederbewaffnung, der Einführung der Allgemeinen Wehrpflicht beschäftigte sich Fritz Lamm sehr intensiv und reiste als gefragter Redner durch das Land. Mehrfach sprach er auch in Ulm bei der Organisation der Kriegsdienstverweigerer. Mein Vorgänger, Fritz Hartnagel, als Vorsitzender dieser Organisation holte ihn häufig nach Ulm, genauso wie ich nach ihm. Mit Lamm hatten wir immer ein volles Haus und eine spannende und aufregende Diskussion.

Lamms kritische Haltung zur SPD nach 1945

Für Lamm besteht sozialistische Politik nicht in erster Linie in dem Ziel, an die Regierung zu kommen. Entsprechend seiner Kritik hat die SPD seit Gründung der BRD aber genau dieses Ziel verfolgt, um damit diesen Staat zu ihrem zu machen. Ohne sozialistische Zielsetzung und ohne Strategie in diese Richtung lief sie, seiner Analyse nach, dem von den herrschenden Schichten gewollten und geförderten Entpolitisierungsprozess einfach hinterher. Durch diese Politik hätte sie sich den Christdemokraten immer mehr angenähert und die Entpolitisierung der breiten Massen der Bevölkerung gefördert. Die SPD habe auf die nach 1945 „notwendig und natürlich erscheinende Sozialisierung" verzichtet. Dieser Entpolitisierungsprozess wäre seiner Meinung nach nicht so erfolgreich verlaufen, hätte die SPD entschlossen um das politische Bewusstsein der Massen gerungen und jegliche Gelegenheit ergriffen, der restaurativen Entwicklung in der BRD fortschrittliche Alternativen entgegenzustellen.

In dieser Zeit hat Fritz sehr darunter gelitten, und er empfand es subjektiv als sehr unangenehm, gegen den Strom zu schwimmen.

Der persönliche Freund und Ratgeber

Mich hat er mehrfach moralisch aufgerichtet, als ich mich bei ihm genau über diesen Sachverhalt ausgelassen habe. Ich fühlte mich inhaltlich sehr oft in der SPD inhaltlich auf der richtigen Seite, aber hatte dann das Problem, dass dieses gegen den Strom zu schwimmen sehr einsam macht. Fritz äußerte sich dann so: „nein, es ist eben nicht sinnlos", da jeglicher Fortschritt letzten Endes aus der Opposition, der Unruhe, aus Unzufriedenheit resultiert. Wer darauf verzichtet, sich Gedanken zu machen und selbst initiativ zu werden, der lässt eben andere für sich denken und handeln- und das ist meist schlimmer." Nach solchen Gespräche, und deren gab es viele, ging ich dann immer mit gestärkter Brust aus Stuttgart weg, um mich wieder in den Parteidschungel zu begeben. Neben den inhaltlichen Positionsbestimmungen lag hierin die große Stärke und Funktion von Fritz, Mut zu machen, eben nicht zu resignieren, nicht aufzugeben und der Vermittlung, der Kampf lohnt sich.

Über einen sehr langen Zeitraum fuhr ich einmal wöchentlich nach Stuttgart, wo Fritz in kleinem Kreis Seminare abhielt in Marxistischer Philosophie und Politischer Ökonomie. Ich war Lehrling, manchmal hatte ich nur das Fahr-

geld für die einfache Fahrt, Fritz musste mir dann das Geld
für die Rückfahrt auslegen. Doch diese Seminare waren für
mich, und bestimmt auch für die anderen Teilnehmer, sehr
wichtig. Was ich dort gelernt habe, setzte ich dann unmittelbar um, in gleichen Seminaren auf Ortsebene, bei der
sozialistischen Jugend, die „Falken". Gerade diese Doppel-
funktion: „Lernender" und „Lehrender" war spannend und
für mich wichtig.

Das Godesberger Programm der SPD und die Kritik

Unter der Führung von Herbert Wehner begann eine Neu-
orientierung und Kurswechsel innerhalb der SPD mit dem
Godesberger Programm, mit dem die Partei endgültig ihre
Wurzeln zu marxistischen Positionen kappte. Mit diesem
Programm, in dem sich die SPD dezidiert auf den Boden
des Privateigentums stellte, wurde sie für Lamm zum „Trä-
ger des bürgerlich- kapitalistischen Staates." In seinen
Augen wollte sie längst nicht mehr die Machtverhältnisse
verändern, sondern regieren um jeden Preis. Fritz Lamm
versuchte in einem Antrag, wenigstens eine Spur von sozi-
alistischem Ansatz unterzubringen, indem er forderte, der
Präambel hinzuzufügen: „Der Sozialismus befriedigt durch
zweckmäßige internationale Planung die Bedürfnisse aller

Menschen, die - befreit von den heute gegebenen Vorrausetzungen zum Profitstreben und Machtmissbrauch von Einzelnen, von Gruppen oder Staaten -, über die vielfältigen Lebensformen der gesamten Kultur als freie Individuen in demokratischer Weise selbst bestimmen. Diese Präambel wurde per Mehrheitsbeschluss abgelehnt.

Fritz Lamm, Wolfgang Abendroth, Viktor Agartz, Peter von Oertzen und weitere Linke kamen immer mehr in das Dilemma, dass es ihnen nicht gelang, eine einheitliche Kritik, geschweige denn eine programmatische Alternative zur Mehrheits- SPD zu formulieren. Gleichzeitig kamen die Linken, wie Lamm, immer mehr unter Druck von den Linken, die die Partei verlassen hatten, weil sie den Kurswechsel nicht mehr mittragen konnten. Inhaltlich hatte Lamm diesen Kritikern wenig entgegenzusetzen, und taktisch konnte er und die Linken nicht mehr überzeugen. Sie mussten mit dem Vorwurf leben „der Schwäche und politischen Inkonsequenz", und auch mit dem Vorwurf, nur noch das linke Feigenblatt einer reaktionären SPD zu sein.

Ausschluss aus der SPD

„Der Landesvorstand beschloss in seiner Sitzung am 27. Mai 1963, das bisherige Mitglied Fritz Lamm, Stuttgart, nach § 29 Ziffer 3, aus der Sozialdemokratischen Partei auszuschließen. Fritz Lamm gehörte der Sozialistischen Fördergemeinschaft e. V. als Vorstandsmitglied an. Nach der Umwandlung dieser Organisation in den „Sozialistischen Bund" schied er zwar aus dem Vorstand aus, blieb aber weiter Mitglied dieser Organisation. Der Parteivorstand beschloss Anfang 1963, dass die Mitgliedschaft im „Sozialistischen Bund" unvereinbar sei mit der Mitgliedschaft in der Sozialdemokratischen Partei Deutschlands. Der Landesvorstand hatte Fritz Lamm eine längere Bedenkzeit für seine Entscheidung eingeräumt. Fritz Lamm konnte sich nicht entschließen, seine Mitgliedschaft im „Sozialistischen Bund" aufzugeben.

Zum Verständnis: Der „Sozialistische Bund ging aus der „Sozialistischen Fördergemeinschaft" hervor, die von Fritz Lamm, Wolfgang Abendroth u. a. gebildet wurde, nach dem die SPD einen Unvereinbarkeits-Beschluss mit dem SDS beschlossen hatte. Alle Fördermitglieder, wie auch alle SDS Mitglieder, wurden aus der SPD ausgeschlossen.

Auf Nachfrage, wie es Fritz Lamm nach dem Ausschluss ginge , antwortet er: „Nach meinem Ausschluss, Ende Mai, haben mich Freunde gefragt, wie ich mir nun als politisch Heimatloser vorkomme... Vorläufig empfinde ich nicht unangenehm die Freiheit, mit der ich mich von der Partei- und diese sich von mir- trennte. Der Partei ging es nur um eine formale Sache - hätte ich im „Sozialistischen Bund" meine Mitgliedschaft gekündigt, so wäre ich heute noch in der SPD, die gewiss nicht meine politische Heimat war". Als ich dann Ende der 60iger Jahre vor das SPD- Schiedsgericht geladen wurde, mit dem Ziel, mich aus der SPD auszuschließen, wollte ich mich inhaltlich auf das Verfahren vorbereiten. Wer sollte mir dabei besser helfen können, als Fritz Lamm. Fritz erklärte mir, dass es in einem Partei-Ausschluss-Verfahren nicht um eine inhaltliche, politische Auseinandersetzung ginge, sondern nur um die formale Frage. Als das Ausschlussverfahren gegen Lamm in vollem Gange war, gab ihm Willy Brandt, der einstige Kampfgefährte aus der SAP – Zeit, um zu verstehen: „Ich bin eben klüger geworden, du bist auf dem alten Standpunkt stehen geblieben." Brandts Parteikarriere war nur möglich, weil er sich vom Marxismus losgelöst hatte, was dann für ihn als Ausdruck von Klugheit galt. In dem Verfahren gegen Lamm war von dem Schiedsgericht auch als belastend gegen ihn

vorgebracht worden, dass Lamm in einer Mitgliederver-
sammlung der Ulmer SPD Karl Marx als den Philosophen
bezeichnete, der das geistige Fundament der modernen
sozialistischen Arbeiterbewegung gelegt habe und dessen
Gedanken in den kommenden Kämpfen beachtet werden
müssten. In der Zeit des Verfahrens gab es eine sehr ma-
kabre politische Situation: gegen Lamm wurde wegen
„Linksabweichung" verhandelt, und zum selben Zeitpunkt
nahm der prominente Parteigenosse und Vizepräsident des
Deutschen Bundestages an einer Tagung der „Deutschen
Burschenschaft" in Berlin teil, bei der alle drei Strophen
des Deutschlandliedes gesungen wurden. Ohne Konsequenzen.

Herausgabe der „Funken"-Aussprache-Hefte
Radikaler Sozialisten

Herausgeber Fritz Lamm in der ersten Nummer im Juni
1950. „Liebe Freunde!
Es ist genau ein Jahr her, dass wir den ersten Rundbrief,
gezeichnet Thomas Münzer, an uns bekannte Adressen
versandten. Wir gingen davon aus, dass bei vielen Sozialisten und Sympathisierenden der Wunsch zu ernster Aussprache vorhanden sei. Wir glaubten, dass viele, die sich

heimatlose Linke nannten, zu wissen wünschten, ob es andern Ortes gleich ihnen „Fähnlein der Aufrechten" gebe. Wir wollten keine Gruppierung innerhalb der bestehenden Parteien, und wir wollten keine Parteibindung. Wir lehnten es ab, als Voraussetzung für diese notwendige Klärung und Auseinandersetzung bestimmte Programmpunkte zu setzen. Wir riefen auf zu Aussprache und Sammlung. Wir wollten vor allem aber auch an abseitsstehende, denkende und suchende junge Menschen herankommen. Wir wollten uns daher bemühen, in unkonventioneller Art und mit einer neuen Sprache, festhaltend am großen Ziel des Sozialismus, ausgehend von den Tagesfragen, mitzuhelfen an der Erneuerung der sozialistischen Bewegung, die uns wichtig erscheint. Wir wiederholten im Laufe des Jahres mehrmals, und wir wiederholen es heute: Wir lehnen es ab, neue Parteien oder Gruppierungen innerhalb der bestehenden Arbeiterorganisationen gründen oder vorbereiten zu wollen. Wir wollen, wenn die geistigen und materiellen Voraussetzungen dafür vorhanden sind, eine Zeitschrift ausbauen, um die sich interessierte Freundeskreise gruppieren können, die sich in zwangloser Weise an verschiedenen Orten mit den sich beschäftigenden Problemen befassen. Schon vor uns und auch gleichzeitig mit uns haben andere Menschen in anderen Teilen Deutschlands ähnliche Gedanken gehabt und begonnen, Genossen zu sammeln, Hefte und Broschüren herauszugeben. Wir haben in unserem „Thomas Münzer- Brief Nr.6" vom April in einem zusammenfassenden Artikel einiges davon erwähnt. Unsere Briefe erschienen gedruckt. Wir konnten nicht häufiger als alle zwei Monate erscheinen. Unsere Bemühungen sind von einem gewissen Erfolg begleitet gewesen. Der sichtbare Ausdruck dafür ist, dass wir nun monatlich erscheinen werden und mit einem anderen Namen. Wir wissen, dass wir nicht mehr sind als Funken, die sich weiterhin bemühen werden, das große Feuer zu entfachen, das Altes verbrennen und Neuem leuchten soll". Bereits im Jahr ihres Erscheinens sammelten sich um die Zeitschrift „Funken" bis zu 1000 Leser, darunter eine Reihe von Funktionsträgern der SPD und Gewerkschaftsfunktionäre. Es ist wichtig, zu betonen, dass dieser Zirkel nie eine neue Partei gründen, aber doch das marxistische Erbe in der SPD bewahren und wiederbeleben wollte. Diese Zeitschrift und die dadurch entstehende Diskussion lebten von Fritz Lamm, der neben seiner Berufstätigkeit seine ganze Schaffenskraft in diese Publikation investierte. Für ihn kam es darauf an, in einer neuen Sprache die Jugend anzusprechen. Nach zehn Jahren musste Lamm seine Bemühungen einstellen, der Versuch, mit der Zeitschrift eine Sammelbewegung von Sozialisten zu erreichen, war gescheitert, die

Leser und Abonnenten der „Funken" nahm kontinuierlich ab. Es hatte sich ausgefunkt. In einem „Nachruf auf uns selbst", der gleichzeitig ein Nachruf auf die jahrelangen erfolglosen Bemühungen, sozialistischen Ideen innerhalb der SPD zu einem größeren Gewicht zu verhelfen, war, zog Lamm Bilanz und begründete die Entscheidung mit dem Wandel der Bedingungen im kapitalistischen Westen und im stalinistischen Osten:

„Ziel, Zweck, Richtung und Inhalt einer sozialistischen Zeitschrift widersprechen dem Strome der Zeit, in der durch die Politik und die Propaganda der stalinistischen Epoche und durch die faktische, geistige und formale Verschmelzung der sozialdemokratischen Parteien mit dem modernen Kapitalismus der Sozialismus... diskreditiert, entehrt, entstellt und verleugnet worden ist."

Der Soziologe Oskar Negt stellte fest, dass sowohl durch „Funken", als auch durch die Thomas- Münzer- Briefe viel Licht in der politischen Landschaft verbreitet worden sei. Der Frankfurter Fischer- Verlag plante für Frühjahr 1974, eine Anthologie der „ Funken" in der Reihe „ Jahrbuch für die Geschichte des Sozialismus und der Arbeiterbewegung" zu veröffentlichen. Doch nachdem die Jahrbuchreihe sich für den Fischer Verlag als nicht rentabel erwiesen hatte, wurde ihr Erscheinen eingestellt.

Die Naturfreunde und Fritz Lamm

Über drei Jahrzehnte hinweg widmete Fritz Lamm seine Zeit und Kraft der deutschen und internationalen Naturfreundebewegung. Sein Engagement im TVdN (Touristenverein der Naturfreunde) hatte seine Wurzeln in seiner Jugend, in der er mit den Kameraden Wanderungen und Ausflüge unternahm. Unmittelbar nach seiner Rückkehr aus dem Exil trat er dieser Organisation der Arbeiterbewegung, der er schon in der Weimarer Republik angehört hatte, wieder bei.

Der 1895 in Wien als Wander- und Kulturorganisation gegründete Touristenverein „Die Naturfreunde" verstand sich von Anbeginn als Teil der sozialistischen Arbeiterbewegung. In den zwölf Jahren der nationalsozialistischen Diktatur wurden die Naturfreunde auf Reichsebene verboten. Nach Wiedergründung unmittelbar nach Kriegsende betonten die Naturfreunde ihr Bekenntnis zum Frieden, zur freiheitlichen und sozialen Demokratie und deren Ausbau zu einer sozialistischen Gesellschaft.

In einer kämpferischen, aber auch poetischen Rede auf dem Jugendtag an Pfingsten 1949 formulierte Lamm: „Indem wir die menschliche Natur schützen, kämpfen wir für eine neue Gesellschaft, und wenn wir uns für diese Idee und für die Gemeinschaft einsetzen, tun wir etwas, das unserem Leben einen Sinn gibt, denn wir wollen leben, und damit wollen wir aufbrechen die Hüllen, die uns umgeben. Der Sinn unserer Tagung, unseres Zusammenseins und unserer Gemeinschaft ist, diese Hüllen zu erkennen. Wir wissen um unseren Kampf für die Idee, aber wir scheuen uns nicht und werden über Gestrüpp und Gesträuch die Hügel erstürmen."

Nicht nur in Württemberg, sondern auch im gesamten Bundesgebiet war Lamm in dieser Zeit auf zahllosen Vereinsabenden sowie Konferenzen, Kongressen und Seminaren der Naturfreunde präsent. Da er selbst und auch in seinen Schulungen großen Wert auf gute Rhetorik legte, sprach er fast immer ohne Manuskript, lediglich mit einem Stichwortzettel. Sein Redestiel waren einfache Sätze ohne Wiederholungen, er überzeugte mit dem Inhalt seiner Rede und fesselte seine Zuhörer durch Witze, Wortspiele und Bibelzitate. Seine Botschaft über die vielen Jahre bestand darin, den Mitgliedern zu sagen, dass die Naturfreundebewegung eine politische Verantwortung habe und ihre Aufgabe nicht allein im Wandern, Singen und Tanzen bestehe. Lamm wurde Bildungsleiter und brachte in dieser Funktion Rundbriefe heraus, in denen er sich mit der revolutionären Tradition der Arbeiterbewegung befasste, aber auch mit dem

Sprach- und Liedschatz und der modernen Kunst. Nicht nur bei den Naturfreunden, auch in der SPD und den Gewerkschaften gab es den Versuch, die Begriffe sozial und sozialistisch gegeneinander in Stellung zu bringen und gegeneinander auszuspielen. Lamm grenzte die Begriffe wie folgt voneinander ab: „Sozial sein bedeutet: als nützlicher Bürger der anerkannten gegenwärtigen Gesellschaftsordnung für deren Bestand und- wo nötig- Ausbau in gemeinnütziger Art zu sorgen. Sozialistisch sein bedeutet: als kritischer Bürger auch die Mängel des bestehenden Gesellschaftszustandes zu erkennen und für einen grundsätzlich besseren zu wirken". Lamm wurde auf dem Bundeskongress der Naturfreunde 1969 zum Referenten für Kultur und Bildung gewählt. In dieser Funktion fasste er aus marxistischer Perspektive die ökonomischen Veränderungen in den kapitalistischen Staaten seit dem 19. Jahrhundert zusammen. Immer wieder, in Vorträgen und Artikeln, analysierte er, dass zwar die moderne Arbeiterbewegung in den hochentwickelten Industrieländern einen Lebensstandard erkämpft habe, dem der eigentliche Begriff „Proletariat" nicht mehr entspräche. Doch die wirtschaftliche Konkurrenz treibe die Industriekonzerne dazu, die Produktion auf Kosten der Vollbeschäftigung der Arbeitnehmer im eigenen Land in solche mit bedeutend geringeren Löhnen und Sozialabgaben zu verlagern. Auf politischer Ebene befürchtete er, dass nach den beiden Kriegen in der ersten Hälfte des 20. Jahrhunderts ein potentieller dritter Krieg im wörtlichen Sinn ein Weltkrieg sei, da atomare, biologische und chemische Waffen vor nationalen Grenzen nicht Halt machen. Angesichts dieser Entwicklung war es ihm unbegreiflich, „wie einer, der sich Naturfreund nennen kann, nicht ständig zu aktivem Kampf gegen Krieg und Militarismus, deren Befürworter und deren Ursachen bereit ist." Lamms Utopie war, dass sich in der zweiten Hälfte des 20. Jahrhunderts, gerade aus der Kriegsbedrohung, eine neue internationale Menschheit entwickelte. Lamm bezog sich auf die bei Karl Marx und Friedrich Engels formulierte Idee des „Internationalismus" - „Proletarier aller Länder vereinigt euch."

Mit dieser Position war Lamm auch auf den Ostermärschen ein gefragter und begeisternder Redner. Mit ihm war die Naturfreundebewegung ein aktiver Teil der Ostermarsch- und Friedensbewegung.

Der Freidenker

Seit Fritz Lamm sich von seiner jüdischen Familientradition gelöst hatte, bezeichnete er sich als Atheist. Dogmen und Kirchenordnungen betrachtete er als Barrieren, „die seine ungeteilte Hingabe an die Menschen, denen er solidarisch helfen wollte, hemmten." Sich auf das Gebiet des Irrationalen zu begeben, lehnte er ab. Dazu schrieb er 1957 in einem Brief: „Religion liegt mir gar nicht... Die Kenntnis des experimentell als Erwiesenen und wissenschaftlich Nachweisbaren, des real Vorhandenen halte ich für gut und nützlich, auch um weltanschauliche Vorstellungen zu entwickeln und daraus politische Schlüsse zu folgern. Ins Gebiet des Irrationalen folge ich nicht." Doch in der Antikriegsbewegung hatte Lamm keinerlei Berührungsängste gegenüber evangelischen und gläubigen Christen.

Auf der Bundeskonferenz der Freidenker DFV im Oktober 1966 in Essen hielt Lamm das Hauptreferat: „Zur Problematik von Politik und Kultur in Ost und West," dem er das Marx-Zitat voranstellte: „Die Waffe der Kritik kann die Kritik der Waffen nicht ersetzen. Er betonte, „dass freies Denken immer ein kritisches, d.h. vorurteilsloses Denken sein muss. Ohne das notwendige Element der Kritik ist jeg-

liches Denken nur frei innerhalb bestimmter, offiziell zuge-
lassener Grenzen". Das gelte für die Gesellschaft im Westen genauso wie im Osten. Erst wenn Kritik radikal werde
und den Vorgegebenheiten der Gesellschaft grundsätzlich
widerspreche, würde aus dem Denken eine fortschrittliche
Tat. Im Blick auf die gesellschaftliche Entwicklung sah
Lamm die Aufgabe der Freidenker darin, das mahnende
Gewissen der Parteien und Regierungen zu bleiben, in denen sie die Fehler beobachten, die sich aus der Opportunität
im praktischen Lebenskampf ergeben. Lamm appellierte an
die Freidenker, nicht zu vergessen, dass der DFV nicht nur
eine Organisation sei, die sich mit der Frage beschäftigt,
„ob Jesus Christus lebte oder nicht und ob der liebe Gott ein
guter oder schlechter Mensch sei", sondern eben auch ein
Verband, „der sich dem aktuellen Kulturkampf... mit Fragen der Kunst, mit Fragen der sonstigen gesellschaftlichen
Entwicklung, z.B. den Sexualfragen beschäftigen müsste."
Für den Freidenker Lamm war das Christentum, ein Ver-
dummungsinstrument, das die Unterdrückten in ihrer Abhängigkeit von der kapitalistischen Ungerechtigkeit fest-
hält. Er hielt es für ein Übel, das die Menschen am Denken
und Handeln hindert. Dieser aus heutiger Sicht vereinfacht
ausgedrückten These widersprach Eberhard Lempp, Pfar-
rer und religiöser Sozialist, der mit Lamm in der Oppositi-

on zur offiziellen Linie der SPD übereinstimmte. Lempp konterte, dass gerade bei den unterdrückten und armen Schichten die christliche Religion zuerst Fuß gefasst habe. Für Lempp hatte der Sozialismus vielmehr die historische Aufgabe, das Christentum von den ihm wesensfremden Elementen, dem Hängen an Besitz und Macht, zu reinigen und den Gegensatz zwischen einem Sonntagschristentum schöner Worte und einem Alltagsleben, das infolge der kapitalistischen Gestaltung der Gesellschaft diese Worte nicht in die Tat umsetzen kann, aufzuzeigen. Mit solchen Christen und ihren Positionen konnte Lamm sehr konstruktive Diskussionen führen, gewinnbringend für beide Seiten.

Der 21. August 1968 und die Niederschlagung des Prager Frühlings

In der Tschechoslowakei, die industriell weit fortgeschrittener war als die Sowjetunion, entstand innerhalb der Arbeiterschaft eine Reformbewegung mit der Forderung nach Dezentralisierung und Mitbestimmung an den Produktionsabläufen. Diese auf dem Boden des Sozialismus sich entwickelnde Bewegung ist unter dem Begriff „Prager Frühling" in die Geschichte eingegangen. Die nationale Bürokratie konnte diese Demokratisierungs-Forderung nur noch mit Hilfe des militärischen Einsatzes der Sowjetunion und ihrer Satellitenstaaten unterbinden. Die heimischen Reformkräfte waren in der CSSR schon so stark geworden, die Vorstellungen der Reform so verbreitet, dass diese sich ohne äußeren Eingriff durchgesetzt hätte. Damit war die Gefahr gegeben, dass die Reformforderungen die nationale Grenze der Tschechoslowakei überschritten und die verkrustete Parteibürokratie in der Sowjetunion, der DDR, in Bulgarien, Rumänien, Polen und Ungarn in Gefahr gebracht hätte. Inhaltlich und politisch standen diese Parteiapparate der Diskussion aus dem „Prager Frühling" völlig hilflos gegenüber. Diese Ohnmacht wurde dann mit brutaler Militärgewalt niedergewalzt. Am 21. August 1968 marschierten die Warschauer- Pakt- Truppen in die CSSR ein. Schon seit Anfang der 60iger Jahre war ich mehrmals im Jahr in der CSSR. Bei diesen Aufenthalten entstanden Freundschaften, die teilweise bis heute gepflegt werden. Ich war also nicht nur politisch betroffen von den Ereignissen, sondern auch ganz persönlich und emotional. Ich musste etwas tun. Mit Fritz Lamm organisierte ich eine Protest- und Solidaritätskundgebung auf dem Stuttgarter Schillerplatz. Es gelang uns noch, Peter Conradi, den SPD Kreisvorsitzenden, mit ins Boot zu holen. Wir drei traten dann auf der Kundgebung auch als Redner auf. Nachdem ich am Rande der Veranstaltung von der DKP heftig angegriffen wurde, bekam ich von Fritz Lamm sozusagen den Ritterschlag, indem er mich umarmte und mich für meine in seinen Augen so gute und mutige Rede beglückwünschte. Nach dem Lob von Fritz konnte ich selbst einordnen, dass meine Rede in Ordnung war. Die CSSR–Frage spaltete auch die Linke und die Friedensbewegung. Der Vereinfachung: Westen gleich imperialistischer Aggressionsblock und Osten gleich Friedensblock war der Boden entzogen.

Lamms Haltung zum Judentum und zum Staat Israel

Auch wenn Fritz Lamm gelegentlich aus dem Talmud zitierte und von seiner „jüdischen Nase" sprach, war diese seine Herkunft für sein Denken und Handeln von sehr geringer Bedeutung. „Zum Judentum", sagte er, „habe ich kein Verhältnis. Nationalismus und Religion sind mir allgemein verdächtig, auch wenn es sich um die jüdische handelt.... Es genügt mir, ein ungläubiger Weltbürger zu sein." Weil Lamm die Zeit der schlimmsten Judenverfolgung in Deutschland nicht miterlebt hatte, (er hatte ja Deutschland als Verfolgter verlassen müssen) fühlte er sich durch den Antisemitismus nie persönlich bedroht. Ein Bekannter von

ihm war zufällig Zeuge einer Anekdote und erzählte sie ge-
nüsslich:

„In den sechziger Jahren fuhr Lamm mit der Straßenbahn
von der Arbeit nach Hause. Zu jener Zeit hatten die Zeugen
Jehovas eine große Veranstaltung im Neckarstadion. Die
Straßenbahn war voll von den Zeugen Jehovas. Plötzlich
geht es los, fast der der ganze Straßenbahnwagen: Halle-
luja- rhythmisches Klatschen - Halleluja... Jetzt wurde es
Lamm zu bunt, er hatte ja eine Stimme, die Säle füllen
konnte. Er rief: „Ruhe jetzt, wir sind doch hier nicht in der
Judenschule". Er sagte dann zu mir und lachte: „Ausge-
rechnet mir passiert das mit der Judenschule." Eine andere Geschichte erzählte Lamm gerne selbst: Ein Schwarzer,
offensichtlich erkennbar als Homosexueller, ist in der New
Yorker U-Bahn in eine jüdisch, sozialistische Zeitung ver-
tieft. Sein Nachbar wendet sich an ihn: „Schwarz genügt
Ihnen wohl noch nicht".

Als im Jahre 1967 der Sechstagekrieg zu einem schnellen
Sieg der israelischen Armee über die arabischen Nachbar-
länder geführt hatte, gab es in der deutschen Öffentlichkeit
eine heftige Debatte, auch in der Gewerkschaft und Friedensbewegung wurden Differenzen offen und heftig ausge-
tragen. Lamm tadelte zwar die die arabische Kraftprotzerei,

bezog aber entschieden Stellung gegen die weitverbreite-te proisraelische Haltung. Er sah das Ziel der israelischen Militäraktionen nicht in der Verteidigung der staatlichen Existenz, vielmehr sei der Krieg von den USA erwünscht und gefördert worden, um eigene Ölinteressen gegenüber den arabischen Ländern durchzusetzen. Nach seinen Beo-bachtungen, bei seinen Reisen nach Israel, handelten die Israelis blind und unverständig gegenüber den arabischen Interessen; ihren religiösen Glauben, das auserwählte Volk zu sein, hielt er für einen Ausdruck von Hochmut und Arro-ganz. Lamm versuchte, eine Zusammenarbeit zwischen is-raelischen Naturfreunden und den Ansätzen von arabischen Naturfreundegruppen herzustellen, die Kontakte sollten von der Naturfreunde–Internationale hergestellt werden. Diese utopische Idee kam nie zum Tragen.

Der Tod von Fritz Lamm

In den Morgenstunden des 15. März 1977 verstarb Fritz Lamm in Stuttgart wenige Monate vor seinem 66. Geburts-tag an Herzversagen während eines Asthmaanfalles. Fritz war Zeit seines Lebens ein schwer kranker Mann. Mit unge-heurer Energie hat er seinem Körper all die Anstrengungen abgerungen. Sich in seinem Leben rückhaltlos verschwendend, hatte er Tage zuvor an der Ulmer Volkshochschule noch ein Seminar über die Geschichte der Gewerkschaftsbewegung geleitet. Von dort führte ihn seine letzte Vortragsreise, die offenbar seine Kräfte überfordert hatte, nach Augsburg, anschließend zur Naturfreundejugend nach Bremen. Für ihn galt der Schillersatz: „ der Geist bestimmt den Körper".

Über 1000 Freunde nahmen Abschied bei einer Trauerfeier im Stuttgarter Gustav Siegle-Haus. Über Lamms politisches Leben sprachen der Betriebsrat Willi Hoss, Lothar Pleithner. Herbert Faller, damaliger Bundesvorsitzender der Naturfreunde, würdigte in seiner Gedenkrede den Verstorbenen:

„Fritz Lamm hat viel Zeit und Arbeit für die Naturfreunde eingesetzt. Er ist für uns ein vielleicht nicht zu ersetzender Genosse, manchmal umstritten, von manchen abgelehnt, von vielen geliebt und geschätzt und doch von einer Mehrheit getragen, die ihn zum Kulturreferenten der Bundesgruppe der Naturfreunde wählte."

Die Totenfeier gestaltete sich zu einer eindrucksvollen Manifestation der Einheit in der Geschichte der deutschen Arbeiterbewegung. Nur eine Fraktion blieb absent: die DKP, die es Lamm nie verzeihen konnte, dass er - insbesondere in den Thomas-Münzer-Briefen und in der Zeitschrift „Funken"- eine so kompromißlose Auseinandersetzung mit dem Stalinismus und der Nachkriegs-KPD sowie der SED geführt hatte.

Ich komme zum Ende meiner Würdigung von Fritz Lamm. Nachdem Fritz, was seine Person betraf äußerst bescheiden war, weiß ich nicht, ob meine Ausführungen seinen Beifall finden würden. Doch ich habe mich bemüht, und es war mir ein großes Bedürfnis, ihn wieder in Erinnerung zu bringen.

PS: verarbeitete Literatur:
Michael Benz: „Der unbequeme Streiter - Fritz Lamm".
Weite Teile von Benz habe ich, durch Zitate gekennzeichnet, wörtlich übernommen.
Ursula Krechel: „Landgericht" - Einschätzung von
Richard Kornitzer über Lamm in Kuba.

Die Totenfeier gestaltete sich zu einer eindrucksvollen Manifestation der Einheit in der Geschichte der deutschen Arbeiterbewegung. Nur eine Fraktion blieb absent: die DKP, die es Lamm nie verzeihen konnte, dass er - insbesondere in den Thomas-Münzer-Briefen und in der Zeitschrift „Funken"- eine so kompromißlose Auseinandersetzung mit dem Stalinismus und der Nachkriegs-KPD sowie der SED geführt hatte.

Ich komme zum Ende meiner Würdigung von Fritz Lamm. Nachdem Fritz, was seine Person betraf äußerst bescheiden war, weiß ich nicht, ob meine Ausführungen seinen Beifall finden würden. Doch ich habe mich bemüht, und es war mir ein großes Bedürfnis, ihn wieder in Erinnerung zu bringen.

PS: verarbeitete Literatur:
Michael Benz: „Der unbequeme Streiter - Fritz Lamm".
Weite Teile von Benz habe ich, durch Zitate gekennzeichnet, wörtlich übernommen.
Ursula Krechel:„Landgericht" - Einschätzung von
Richard Kornitzer über Lamm in Kuba.